LE
MAL DE MISÈRE

F. AUREAU. — IMPRIMERIE DE LAGNY.

LE

MAL DE MISÈRE

ÉTUDE D'HYGIÈNE SOCIALE

PAR

Le Docteur HENRI NAPIAS

Qu'est-ce que la misère, sinon
une maladie continuelle?
MONTESQUIEU.

PARIS

A LA LIBRAIRIE RÉPUBLICAINE

16, RUE DU CROISSANT

—

AU LECTEUR

L'auteur de ce travail a voulu réunir et condenser dans un petit volume toutes les défectuosités sociales qui lui ont été révélées par l'étude de l'*Hygiène* et de la *Pathologie professionnelle*, et qui constituent ces problèmes nombreux et complexes que beaucoup de bons esprits comprennent sous l'appellation unique et un peu vague de QUESTION SOCIALE.

L'étude des faits sociaux qu'implique cette grave question offre à l'esprit impartial des résultats empreints d'une certaine brutalité qui étonne, — on pourrait même dire qui irrite — tout d'abord et que l'auteur s'est appliqué à rendre fidèlement, ne craignant pas de se servir au besoin de l'antithèse en opposant le pauvre au riche dans les conditions ordinaires de l'existence. En faisant ainsi, l'auteur n'a pas voulu exciter l'une contre l'autre deux classes de citoyens dont les droits sont également respectables; il suffira de le lire avec attention pour voir qu'il n'a eu d'autre désir que de faire éclater plus splendidement la vérité en grossissant les faits sans en altérer les proportions.

Le mal constaté, il a cherché à en formuler le remède, et laissant de côté sans les discuter, sans les mentionner même, les théories sociales les mieux intentionnées mais aussi les plus fantaisistes, il a pris pour guide l'observation scientifique et s'est appliqué à en tirer la conclusion la plus logique et la plus simple : LI-

BERTÉ — INSTRUCTION — toutes les réformes lui paraissent tenir dans ces deux mots : ce sont les deux éléments nécessaires et suffisants pour résoudre la *Question sociale*.

LE
MAL DE MISÈRE

Qu'est-ce que la misère, sinon une
maladie continuelle ?

MONTESQUIEU,

I

Deux enfants viennent au monde le même
jour, à la même heure ; ils jettent en même
temps leur premier cri dans le grand concert
des plaintes humaines ; leur état civil porte
la même date initiale, et les voilà tous deux,
couchés dans leurs petits berceaux, qui vont
s'endormir fatigués de la même faiblesse.

Approchons-nous, si vous voulez, de ces
fragiles petits êtres ; observons les premiers
mouvements de leur poitrine qui aspire et
chasse l'air tour à tour, comptons les batte-

ments de leur cœur, et tâchons — comme les fées des contes — de prédire à chacun le sort que lui réserve l'avenir. Demandons-nous quel sera leur genre de vie, et combien de temps ils sont destinés à vivre.

Ils ne présentent à l'œil qui les examine aucune dissemblance apparente; immobiles dans leurs langes, ils entr'ouvrent parfois à demi et comme avec la même crainte du grand jour leurs yeux sans regard, — miroirs sans image d'un cerveau qui ne pense pas encore. — Le sang qui court sous leur peau délicate, recouverte d'un fin duvet, répand la même teinte rosée sur leur visage, dont l'*expression* gravera plus tard les traits, sur leurs petits bras ronds et leurs petites mains fermées. Ils sont si absolument semblables que nous ne saurions vraiment distinguer l'un de l'autre si nous n'avions pour nous aider le vêtement qui les recouvre et qui n'est pas seulement une étiquette pour chacun d'eux, mais aussi l'uniforme de la classe sociale qui leur ouvre ses rangs.

Ont-ils au moins quelque différence qui échappe à la vue et qu'il faille chercher dans leur constitution intérieure et jusque dans l'intimité de leur structure? Non. La physiologie interrogée à cet égard affirme au contraire leur parfaite égalité; — la physiologie qui a été le témoin de l'infirmité de leur origine à tous deux, et qui constate incessam-

ment l'identité dans l'arrangement molécu-
laire et dans le fonctionnement de leurs
organes.

Nous sommes donc conduits logiquement
à penser que, pour ces petits êtres si complétement semblables et que la même heure a
vu naître, il y a dans l'avenir une heure commune marquée par la mort; nous estimons
justement que, venus ensemble, c'est ensemble qu'ils partiront, et que le balancier qui
scande le temps leur doit le même nombre
d'oscillations.

Il n'en est point ainsi pourtant.

Celui-ci, par exemple, peut compter sur une
soixantaine d'années d'existence, celui-là sur
quarante à peine. — Si le premier franchit la
soixantaine, il a bien des chances pour vivre
vingt ans encore; si le second dépasse quarante ans, il ne peut guère espérer atteindre
plus d'un demi-siècle.

Les conditions de leur naissance ont mar-
qué, dès l'instant qu'ils ont vu le jour, la
date de leur mort.

Celui-ci est né dans un hôtel du faubourg
Saint-Honoré, au milieu de ce que le luxe a
de plus brillant et le *comfort* de plus ingé-
nieux. On a été quérir, dès les premières dou-
leurs de la mère, le savant accoucheur en
vogue dont la docte assistance et l'illustre
renommée ne coûtent pas moins d'une cen-
taine de louis; les domestiques sont à leur

poste, attentifs aux moindres ordres; les
chambrières empressées trottent d'un pied
léger sur les tapis de Smyrne et préparent à
grand zèle la petite layette ornée de brode-
ries, festons et rubans, qui depuis longtemps
attendait, rangée en étalage dans un meuble
Boule. Le berceau, capitonné comme un
écrin, est apporté au moment nécessaire, et
pendant qu'on y couche l'enfant et que la
mère, pâle et lassée, sourit faiblement dans
ses dentelles, le père, joyeux de cette joie
calme et pleine de quiétude qui est le propre
de la richesse, vient annoncer aux parents et
aux amis qui déjà se présentent tout prêts
aux félicitations, l'heureuse naissance de ce
nouveau rejeton de la *classe dirigeante*.

L'autre, au contraire, est né tout là-bas et
tout là-haut, rue Mouffetard, au sixième
étage, dans un bouge. — Dès les premiers
symptômes du *travail*, laissant aux soins
compatissants d'une voisine la femme qui
gît, dolente, sur un grabat, le père a couru,
demi-vêtu, chercher la sage-femme du quartier dont on voit l'enseigne naïvement peinte
au coin de la rue, ou bien quelque pauvre
médecin de quartier, quelque prolétaire de
la médecine qui vivra toute sa vie parmi les
misérables, misérable aussi.

L'enfant venu tant mal que bien, on l'a
emmailloté d'un lange d'indienne taillé dans
un vieux jupon de la mère, et on l'a couché

dans le banal panier d'osier qui depuis quelques jours est préparé dans un coin du taudis. — Il fait froid dans la chambre carrelée, sous le toit que fouette la pluie : on couvre l'accouchée grelottante de toutes ses quelques hardes, on couvre aussi l'enfant d'un morceau de couverture grise; et l'homme, à la fois doucement et tristement ému, met gauchement sa blouse par-dessus.

— Pauvres gens! pauvre petit! murmure tout bas le médecin qui descend à tâtons l'escalier glissant et inégal; et sa pensée s'achève par cette parole amère : « Encore un insurgé! »

Le premier va croître et prospérer, fort de cette santé qui s'appelle la *richesse*; et quand il aura quarante ans, qu'il sera dans la force de l'âge et parvenu au point culminant du bonheur humain, le second, lui, étiolé dès le berceau, vieilli prématurément, et sentant peser lourdement sur sa tête des années qu'il compte par ses chagrins et ses déboires, va succomber à un mal terrible dont il est frappé depuis le jour même de sa naissance, et qui s'appelle LE MAL DE MISÈRE.

II

Il y a près de quatre-vingt-dix ans que la France lutte pour l'égalité sociale contre les traditions et les préjugés monarchiques qui, pour lui résister, se servent de toutes les feintes et se couvrent de tous les déguisements; quatre-vingt-dix ans que le peuple qui travaille et qui paye, réclame — conscient du devoir accompli — l'égalité sincère des droits! Eh bien, au-dessus de ces droits méconnus, de cette égalité trahie, au-dessus de l'égalité politique, de l'égalité devant la loi, de l'égalité devant l'impôt de l'argent et devant l'impôt du sang, il y a le *droit de vivre!* il y a l'*égalité devant la mort!* dont l'hygiène et la statistique démontrent l'imminent besoin, et qui, corollaire de toutes les autres, doit être aussi énergiquement et sévèrement revendiquée. Des savants, des statisticiens consciencieux et modestes, l'ont fait cent fois dans leurs écrits, mais leurs travaux et leurs re-

cherches restent ignorés, de la foule, enfouis
dans des recueils scientifiques spéciaux d'où
les gouvernants n'ont garde de les extraire.

Villermé, Benoiston de Châteauneuf, Quételet, Lombard (de Genève), Bertillon, tant
d'autres encore, ont montré combien inégalement la richesse et la pauvreté fournissent
leur contribution à la mort. « A aucune
« époque de la vie, dit Villermé, mais sur-
« tout dans l'enfance et la vieillesse, le riche
« ne meurt autant que le pauvre. » Les chiffres à l'appui ne lui manquent pas d'ailleurs,
et, dès l'année 1830, étudiait la mortalité à
Paris pendant le premier tiers de ce siècle, il
constate qu'il y mourait annuellement un
habitant sur cinquante dans les quartiers riches, et un sur vingt-cinq dans les quartiers
pauvres : tout juste le double! « La richesse,
« l'aisance, la misère, sont, dit-il, dans l'état
« actuel des choses, pour les habitants des
« divers arrondissements de Paris, par les
« conditions dans lesquelles elles les placent,
« les causes principales auxquelles il faut
« attribuer les grandes différences que l'on
« remarque dans la mortalité. »

Villermé revient constamment sur ces tristes faits; c'est la conclusion qui ressort clai-
rement de ses travaux et qui s'impose à ses
statistiques. Il ne cherche point à l'éviter; il
ne craint même pas, persuadé qu'il est de
son importance, de la redire à satiété. Il la

reproduit encore dans un mémoire publié en 1854 sur la mortalité dans les principales villes de France, et il répète avec une certaine amertume ce qu'avait dit déjà Benoiston de Châteauneuf : que la richesse est la première et la plus importante des conditions hygiéniques. — C'est à cette conclusion désolante que sont arrivés aussi Lombard à Genève, Quételet en Belgique, Morgan en Angleterre, Casper à Berlin.

Les travaux de Lombard nous montrent qu'à Genève comme à Paris le riche vit plus que le pauvre ; ses chiffres constatent pour les magistrats, pour les gros négociants, pour les ecclésiastiques, une vie moyenne de soixante-cinq à soixante-dix ans, tandis que pour les ouvriers de certaines professions, cette moyenne s'abaisse à quarante-cinq ans.

La différence entre la mortalité des riches et celle des pauvres n'est d'ailleurs pas la même aux différents âges ; excessive dans la première enfance, elle diminue graduellement pendant l'adolescence et atteint son minimum entre trente et quarante ans. Cela s'explique de soi, et on comprend en effet que le pauvre qui arrive à la trentaine doit être d'une constitution robuste et tout à fait exceptionnelle, puisqu'il a échappé à toutes les maladies jetées par la misère sur le chemin de son enfance et de sa jeunesse. Toutefois, la différence est encore d'un quart en plus pour les pauvres, et elle ne tarde pas à s'accentuer en suivant une progression rapide; un tableau dressé par Benoiston de Châteauneuf nous la montre déjà d'un tiers entre quarante et cinquante ans, et de la moitié entre cinquante et soixante. Au delà de cet âge l'inégalité devient tout à fait monstrueuse, et nous ne parlerons pas des limites extrêmes de la vieillesse, qu'il n'est guère donné qu'aux seuls riches de pouvoir atteindre.

Quand nous parlons ici de richesse, qu'on n'aille pas prendre ce mot dans sa signification vulgaire, mais bien dans son sens économique; richesse veut dire simplement aisance, comfort, possession du *nécessaire*, et est opposé à misère qui signifie *insuffisance*; ce sont deux mots qui expriment l'état de tels ou tels hommes par rapport à un terme commun qui est le *besoin*. C'est ainsi que l'entendent le plus ordinairement Villermé et les autres statisticiens que nous avons nommés plus haut.

La misère est un fait complexe, un ensemble de conditions défectueuses où la nourriture, le vêtement, le logement, la propreté, ont leur part. On ne manque pas sans doute absolument de toutes ces choses, mais on a tout cela à dose restreinte, — comme le salaire. — On ne meurt pas de faim, à proprement parler, — bien que cela arrive encore, — mais on est mal et insuffisamment nourri,

et on meurt d'anémie : c'est un état famélique
chronique, voilà tout. — Le vêtement aussi
laisse le plus souvent à désirer, et quand on
se rappelle que Chossat a montré, par des
expériences, qu'on peut retarder la mort par
inanition au moyen du réchauffement artifi-
ciel, on trouve dans cette insuffisance du vêtement une aggravation périlleuse de la
famine. — Le logement est trop petit, mal
aéré ; on s'y entasse, et la propreté y devient
impossible, ou à tout le moins très-difficile.

La question de salaire domine tout cela ;
on économise par force sur sa bourse pour
arriver sans trop d'encombre au bout de la
semaine, et on dépense avec prodigalité sa
santé et sa vie.

De son côté, la profession entraîne avec
elle tout un cortége de maladies spéciales,
dangereuses souvent et parfois mortelles.

Enfin l'Ignorance, cette misère intellec-
tuelle, fait comme la misère physique sa large
part de victimes. Un travail de Mélier a pé-
remptoirement établi cette action funeste de
l'ignorance, et une statistique de Bertillon
nous montre que dans les départements où l'instruction est le plus répandue, la vie moyenne
s'élève sensiblement, tandis qu'elle s'abaisse
dans ceux où l'instruction générale est
moindre. — Y a-t-il en faveur de l'instruction gratuite et obligatoire un meilleur et
plus pressant argument?

A côté de la mortalité habituelle et pour ainsi dire courante, qui peut être prévue, et, à peu de chose près, chiffrée d'avance, nous devons dire un mot de la mortalité exceptionnelle et imprévue des épidémies. Là encore la misère joue son sinistre rôle : souvent cause efficiente du mal, elle est toujours et dans tous les cas une cause aggravante. C'est elle qu'on voit engendrer ce typhus particulier qui sévit dans les basses classes de l'Angleterre et dans les plus pauvres contrées de la Prusse, et qu'un médecin a appelé le *typhus de la faim*.

Le typhus des camps, qui frappe les armées en campagne et y fait alors plus de ravages que le canon ennemi, est aussi dû à l'état de dénûment, aux misérables conditions hygiéniques où sont laissés les soldats par le fait d'une administration défectueuse. Les exemples ne manquent pas, chacun le sait, qu'on en pourrait citer ici.

Pour d'autres maladies épidémiques, pour le choléra par exemple, le principe morbifique échappe encore aux investigations de la science ; la misère n'en est pas sans doute la cause pathogénique, mais elle donne à la maladie son plus haut caractère de gravité ; les pauvres en sont en effet frappés presque exclusivement et toujours d'une façon plus violente. Nous nous souvenons que, pendant l'épidémie cholérique qui sévit en 1865 et

1866 dans une de nos plus belles colonies, la Guadeloupe, et qui fit périr plus d'un dixième de la population de l'île et près d'un tiers des habitants du chef-lieu, des observateurs inattentifs et superficiels déclarèrent que cette épidémie offrait ce caractère particulier qu'elle atteignait surtout les noirs ; ils voyaient une question de race et de couleur là où il y avait seulement une question sociale. Les nègres mouraient en plus grand nombre que les blancs, sans aucun doute, mais c'était uniquement parce que la race de couleur constitue le prolétariat de nos Antilles françaises, comme la race blanche en forme l'aristocratie. Ils ne mouraient pas parce que nègres, mais parce que prolétaires.

Toutes les invasions du choléra en France, en Prusse, en Angleterre, etc., ont offert à la statistique des résultats identiques. Il en est ainsi d'ailleurs de toutes les autres épidémies ; et les chroniques nous apprennent qu'au moyen âge c'est surtout le populaire que ces terribles affections mal définies et vaguement dénommées : la peste, le mal des ardents, etc., allaient chercher dans ses faubourgs.

On conçoit d'ailleurs qu'il en doive être ainsi ; la maladie trouve en effet chez le pauvre un terrain tout préparé par l'anémie de la misère, et le groupement des misérables dans certains quartiers malsains, leur entassement dans des logements sans air et sans lumière, après avoir favorisé son développement, favorisent encore son extension épidémique.

Enfin, à ces causes multiples d'une excessive mortalité, ajoutons le *suicide* que les statistiques de Lombard et de plusieurs autres nous montrent fréquent dans la classe pauvre comparativement à la classe aisée ; le suicide qui est, pour tant de malheureux, le dernier remède offert par le désespoir contre le *mal de misère*.

III

Revenons à nos deux enfants.

Nous les avons vus à leur premier jour, et nous avons dès alors prédit l'inégale part de vie que leur fera dans l'avenir le milieu social auquel ils seront mêlés. Eh bien, nous aurions pu prendre les choses de plus loin et montrer que ce n'est pas seulement sur la vie de ces enfants, mais sur leur naissance, sur leur conception même, que la richesse et la misère exercent leur influence si différente.

S'il est né un enfant rue Mouffetard en même temps qu'il en naissait un au faubourg Saint-Honoré, c'est peut-être uniquement parce que le pain n'était pas trop cher l'année précédente ; le pauvre petit être aurait pu rester dans l'éternel néant, si la récolte du blé avait manqué. On a pu remarquer en effet que les époques d'abondance et de bon marché des vivres sont celles où les conceptions sont les plus fréquentes. « Quand, au

« contraire, dit Villermé, le peuple vient à
« n'avoir qu'une mauvaise et insuffisante
« nourriture, le nombre des conceptions di-
« minue ; et ce nombre ne reprend son
« niveau ordinaire qu'après que la santé
« publique est rétablie. »

Ce sont là des faits qui ont été constatés
aussi par Quételet, par Mélier, par Moreau de
Jonnès, etc. Sans remonter bien haut dans
l'histoire, nous pouvons signaler, d'après
Moreau de Jonnès, que la récolte de 1846
ayant manqué, il y eut en 1847 un beaucoup
moins grand nombre de naissances que dans
les précédentes années. Et, au contraire, à
l'époque de notre grande Révolution, quand
on venait de supprimer la dîme, les impôts
sur le vin et sur le sel, les redevances féo-
dales, les maîtrises et jurandes ; quand le
prolétaire, plus à l'aise, eut une vie plus
saine, une plus abondante nourriture, et
par-dessus tout cette satisfaction particulière
du cœur qui se sent battre libre de toute
contrainte et affranchi de toute tyrannie, le
nombre des naissances augmenta sur tout le
territoire de la République. A Metz, notamment, dans la chère et patriotique cité dont
on a pu livrer les murs, mais dont l'esprit
reste français en dépit des traités, à Metz,
l'augmentation annuelle des naissances fut
de plus de trois cents dans les années 91, 92
et 93.

Cette heureuse action de la liberté, se retrouve dans un autre fait historique : on sait que les nègres esclaves, fournissent plus de décès que de naissances ; c'est ce qu'on a pu observer dans tous les pays où a régné l'esclavage ; c'est ce qu'on observait jadis chaque année à Saint-Domingue ; — à Saint-Domingue dont la population a doublé depuis l'émancipation.

Le prix du grain, comme l'a bien observé Quételet, a d'ailleurs une double influence : avec des prix très-bas, on observe non-seulement une augmentation dans le chiffre des naissances, mais en même temps une diminution dans le chiffre des décès ; tandis qu'à un prix très-élevé correspondent des naissances moins nombreuses et à la fois de plus nombreux décès. « On peut considérer « comme démontré, dit Mélier, que la mor- « talité dans les populations de l'Europe est « soumise à l'influence du prix du blé et du « pain. » Et cela est si vrai qu'avant l'intro- duction et la généralisation de la culture de la pomme de terre, qui, pour le pauvre, supplée le pain en quelque manière, cette influence était plus sensible encore. En 1771, la récolte du blé fut généralement mauvaise, surtout dans le nord de l'Europe ; or *les Tables de Mortalité* dressées par Bauman mon- trent qu'en 1772 la mortalité augmenta dans les pays où sévissait la disette, et que cette augmentation fut d'un quart ou même d'un tiers, dans quelques endroits.

Les faits que nous avons rapportés plus haut nous montrent donc l'enfant du prolétaire soumis dès avant que de naître à l'influence de la pauvreté. Sa création même peut dépendre de l'abondance ou de la disette; *être ou n'être pas* est pour lui une question de fortune ou de misère publique.

Une fois créé, et pendant tout le temps qu'il passera dans le sein de sa mère, il sera l'inconscient et impuissant tributaire des vicissitudes du régime de celle-ci, et des influences morbides spéciales de la profession qu'elle exerce pour gagner son pain. Si, en effet, la mère travaille à quelque métier où l'on emploie le plomb ou le mercure, elle devra craindre que son enfant n'arrive pas à terme, ou qu'à terme il naisse mort, ou s'il naît vivant, qu'il ne dépasse pas la première année. Si c'est le père qui fait usage dans son travail de ces métaux dangereux les craintes pour la naissance ou la vie de l'enfant ne devront pas être moindres, car les statistiques fournissent dans l'un et l'autre cas d'aussi tristes chiffres : c'est ce qui résulte des observations de plusieurs médecins distingués, et notamment du docteur Constantin Paul et du docteur Lizé (du Mans).

Mais laissons maintenant de côté ces considérations qui ont trait à l'existence intra-

maternelle ; nos deux enfants sont nés:
regardons-les vivre.

La première année sera dure à passer pour
tous les deux : riches et pauvres fournissent
dans les douze premiers mois beaucoup de
victimes à la mort ; pourtant le danger est
loin d'être égal pour tous, et on a pu cons-
tater, au contraire, que pendant la première
année il meurt, sur un nombre égal, trois
fois plus d'enfants misérables que d'enfants
fortunés. Pendant les années qui suivront et
jusqu'à la dixième, la mortalité sera très-
grande encore pour les uns et pour les
autres ; mais, toujours inégalement répartie,
elle sera du double pour les enfants pauvres.

Pour notre petit riche, la vie sera donc
relativement facile, surtout si sa mère con-
sent à quitter pour un temps les plaisirs du
monde et à le nourrir elle-même. Beaucoup
trop de mères, hélas ! ne comprennent pas
toute l'importance de ce devoir, qui n'a pas
seulement une valeur morale de premier
ordre, mais en même temps une raison d'être
physique ; beaucoup d'autres aussi, qui le
comprennent, sont trop promptes à saisir et
parfois à faire naître les prétextes qui peuvent leur permettre de l'éluder. La nature,
juste en cela, se charge quelquefois de punir
l'indifférence maternelle, mais d'autres fois
aussi, c'est l'innocent petit être qu'elle frappe
aveuglément.

Cependant, il faut bien le dire, à défaut du sein maternel, la fortune permettra d'offrir sans trop d'inconvénient à l'enfant du riche, le sein mercenaire de quelque robuste Bourguignonne, qui fait payer comme il convient sa rustique santé et son lait plantureux. N'ayons pas, croyez-moi, d'inquiétude exagérée sur le sort d'un enfant ainsi nourri; bien soigné d'ailleurs à tous égards, chaudement vêtu, incessamment surveillé, entouré pour un *bobo* de tous les soins dont l'hygiène et la médecine disposent, ses chances sont grandes de parcourir sans encombre la route périlleuse de l'enfance.

Son congénère de la rue Mouffetard aura d'autres et de plus graves obstacles à franchir : sa mère ne pourra pas toujours le nourrir de son sein, obligée qu'elle sera de vaquer à quelque travail lointain; on l'élèvera au biberon, et, pendant l'absence de la mère, on le confiera à une voisine dont les instants aussi sont comptés, ou bien on le déposera à la *crèche*, et plus tard à l'*asile*, institutions qui marquent un progrès sans doute, mais sur lesquelles il y aurait cependant beaucoup à dire encore si nous le voulions faire ici.

Si le travail de la mère est sédentaire et lui permet de nourrir son enfant, aura-t-elle toujours assez de lait à lui offrir, et d'une suffisante qualité? Nous sommes malheureusement obligés d'en douter; et mal nourri, mal vêtu, mal logé dans la chambre étroite et sans air de ses père et mère, malpropre faute du linge nécessaire et faute du temps pour le changer, il végètera, chétif et pâle, comme une plante étiolée, et n'offrira qu'une trop faible résistance aux maladies qui viendront souvent coup sur coup l'assaillir.

Dès les premier mois le *muguet*, qui frappe surtout les enfants pauvres et toujours plus gravement, ou bien la dysentérie, ou le terrible *carreau*, mettront sa vie en danger; un peu plus tard, ce seront des maladies trop nombreuses pour être citées, mais parmi lesquelles nous noterons en passant une sorte de gangrène hideuse de la bouche et du palais, que les médecins nomment du nom un peu long de *stomatite-ulcéro-membraneuse*, et qu'on ne connaît pas chez les fils des riches.

Parmi les maladies de la première enfance, il n'est pas jusqu'au *croup*, l'inexorable mal perpétuelle terreur des mères, qui n'ait ses préférences et ne frappe plutôt les pauvres que les riches. Il y a en effet un *faux croup* qu'on observe chez les enfants riches, tandis qu'ils sont fort rarement atteints du *vrai croup* : le croup des enfants pauvres. Entre ces deux maladies une ressemblance frappante existe pour des yeux inexercés: mêmes symptômes, et tout aussi alarmants en apparence; pourtant l'une est mortelle, c'est le *vrai croup*, si fréquent parmi les misérables; l'autre, au contraire sans la moindre gravité.

Le défaut constant de soins hygiéniques et l'état famélique chronique dans lequel vivra le fils du pauvre, donneront à son tempérament tous les caractères du lymphatisme. On lui verra des boutons toujours renouvelés sur les lèvres et au pourtour des narines, en même temps que sous la mâchoire et au cou des glandes se développeront, s'ouvriront en affreuses plaies, et ne se fermeront qu'en laissant derrière elles les cicatrices plissées et indélébiles de la scrofule. Parfois, c'est beaucoup plus tard et sous une autre forme que la maladie se révélera : à 18 ans, il mourra phthisique; — à moins que vers 12 ou 15 ans il n'ait succombé à la fièvre typhoïde.

Que faire? Qu'opposer à cette maladie-protée, *le lymphatisme*, qui épuise les enfants des pauvres, donne à leurs filles le visage blême et le teint terreux de la chlorose; à leurs fils, cette allure grêle et amollie, ce visage de « *pâle voyou*, » comme dit Barbier, et ce teint « *jaune comme un vieux sou?* » Si nous ouvrons un livre de médecine, nous trouverons, à côté d'une thérapeutique plus ou moins compliquée, des prescriptions hygiéniques très-efficaces par elles-mêmes et sans lesquelles d'ailleurs les moyens thérapeutiques les plus énergiques seraient sans vertu : l'air de la campagne, les bains de mer, les vins généreux, les viandes noires saignantes, tout un système de comfort dans le logement, le vêtement et la nourriture, qui n'est, dans le cas qui nous occupe, qu'une dérision amère et une cruelle ironie.

Pour notre petit riche, la seconde enfance et l'adolescence seront consacrées aux études. Des maîtres lui seront donnés, des leçons de toutes sortes prodiguées, et, s'il en veut profiter, aucun moyen ne lui manquera de s'instruire. A vingt ans, à l'âge où l'on choisit une carrière, il ne lui faudra que vouloir pour porter, dans un avenir prochain, l'épaulette d'or de l'officier ou la robe du magistrat; il aura, s'il lui convient, sa place marquée dans la finance, la haute administration ou la diplomatie; et les protections, qui, quoi qu'on dise ou fasse, entreront toujours pour quelque chose dans l'avancement, ne lui feront pas défaut pour aplanir sa carrière et la rendre brillante autant que rapide. Si c'est par hasard un niais ou un paresseux, un de ceux qui s'imaginent qu'on a le droit, parce qu'on est riche, de rester inutile, il n'aura qu'à se laisser vivre jusqu'à ce qu'il atteigne, tranquille et blasé, l'âge où l'on se marie *pour faire une fin.*

Quels moyens le pauvre a-t-il, lui, de s'instruire, alors qu'on lui dispute encore, plus de quatre-vingts ans après la Révolution francaise, la gratuité d'un enseignement même élémentaire, et qu'au lieu d'une instruction sérieuse, utile, scientifique, en conformité avec les tendances et les besoins modernes, et par conséquent purement laïque, beaucoup parmi ceux qui le gouvernent ou qui aspirent à le gouverner, rêvent de le confier au clergé et se proposent de borner son étude à quelques notions de mythologie catholique, ne voulant pas comprendre qu'à l'instruction du peuple est intimement liée une question de santé et de moralité, et que, selon l'heureuse expression de M. Jules Simon, « remplir l'école, c'est vider la prison et l'hospice. »

Le temps lui manque d'ailleurs ; et, dès le commencement de sa jeunesse, et trop souvent même dès son enfance, l'atelier où il travaille lui prend toutes ses heures du jour, et il doit, s'il veut étudier, prendre pour cela sur son repos du soir.

Il atteint ainsi vingt ans ; puis, comme il n'a ni le moyen ni l'instruction nécessaire pour éluder la loi militaire, il est soldat.

Revenu dans ses foyers, il se marie. Se souciant peu si d'autres font du mariage une affaire et vident leurs écus dans le même sac, il épouse, lui, avec son cœur, sans la moindre dot, sans la plus petite arrière-pensée d'intérêt, la fille qui lui plaît et qui l'aime, et qui va courageusement supporter avec lui toutes les tribulations du prolétariat et toutes les souffrances du *mal de misère*.

IV

Le temps a marché depuis que nous avons assisté à la naissance de nos deux enfants: nous les avons vus se développer, grandir, traverser avec des chances inégales l'enfance et la jeunesse. Ils sont mariés; ils sont hommes.

Mais quelles différences entre eux, même si nous ne les regardons que par le côté physique !

Notre prolétaire, s'il n'a pas perdu sa santé, si son tempérament était assez robuste pour qu'il ait échappé aux assauts répétés de la misère, a pourtant sur le visage quelques rides déjà qui indiquent l'usure précoce et font prévoir une vieillesse prématurée. Son teint flétri, hâlé, ses mains rudes qui portent le sceau sacré du travail, font ressortir par la comparaison la blancheur et la finesse de la peau du riche, chez lequel les soins médicaux assidus et une alimentation de choix ont su garder, — quelquefois même en dépit des excès, — le sang à peu près pur.

Ce qui les différencie surtout, c'est la taille.

La pauvreté arrête en effet l'homme dans son développement. Villermé a constaté qu'à Paris la stature dans les différentes classes de la population semble être en raison directe de l'aisance, et en raison inverse des peines, des fatigues, des privations surtout, éprouvées dans la jeunesse. Quételet, de son côté, a observé en Belgique que la taille est généralement plus élevée chez les individus des classes aisées que chez ceux des classes pauvres.

On conçoit cependant qu'il y ait des exceptions, mais elles sont relativement peu nombreuses et ne sauraient infirmer cette loi générale formulée par Villermé et par Quételet, et facile à vérifier tous les jours, surtout dans les grandes villes.

Pendant que notre riche va exercer quelque fonction honorifique, quelque industrie lucrative; se remuer, parader, intriguer pour doubler ses capitaux dans les affaires ou se caser plus avantageusement au râtelier du budget, notre pauvre va continuer le dur labeur de l'atelier. Que dis-je? il faut qu'il sache travailler pour deux, à présent qu'il est marié, et pour trois bientôt. Pas de repos, pas de temps d'arrêt! le travail d'aujourd'hui, c'est le pain de demain ; — le chômage serait la mort. — Il n'a pas même le droit d'être malade.

Et pourtant que de maladies inhérentes aux diverses professions ouvrières ! Et combien graves sont certaines d'entre elles !

Il y a près de deux siècles qu'un médecin de Modène, Ramazzini, s'occupant le premier de cette grave question, écrivait dans la préface de son livre sur les *Maladies des artisans* : « Nous sommes forcés de convenir que « plusieurs métiers deviennent une source de « maux pour ceux qui les exercent, et que « les malheureux artisans, trouvant les ma- « ladies les plus graves où ils espéraient « puiser le soutien de leur vie et celle de leur « famille, meurent en maudissant leur ingrate « profession. »

Ces maladies, très-nombreuses, variables suivant les professions, tiennent au genre de travail de l'ouvrier, à la position physique qu'il nécessite, à l'appropriation spéciale des ateliers, à l'atmosphère qu'on y respire, aux matériaux qu'on y met en œuvre.

Si la profession de l'artisan l'expose à respirer des vapeurs nuisibles : s'il est doreur, fumiste, ou peintre par exemple ; si son travail l'oblige à vivre dans une perpétuelle humidité : s'il est blanchisseur, débardeur, etc.; s'il respire des molécules minérales : s'il est carrier, plâtrier, tailleur de pierres, aigui-

seur ou maçon; ou des molécules organi-
ques : s''il est brossier, crinier, cardeur, cha-
pelier, plumassier, boulanger, etc.; la phthisie
qui a respecté son adolescence peut tôt ou
tard l'atteindre dans son âge mûr.

C'est en effet peut-être autant aux influences professionnelles qu'à l'état de misère qu'il
faut attribuer l'énorme différence qu'on observe sous le rapport de la mortalité par la
phthisie entre les classes aisées et les classes
pauvres, différence qui se chiffre, suivant Benoiston de Châteauneuf, par la proportion de
un à six. Pour un homme aisé qui meurt
phthisique, six pauvres succombent à la terrible maladie, c'est-à-dire qu'on observe neuf
phthisiques sur mille parmi les gens riches
et cinquante-quatre sur mille parmi les misérables, — Ces chiffres d'ensemble sont ef-
frayants sans doute, mais que dire de certains chiffres de détail, de celui-ci par exemple
qui intéresse les aiguiseurs et polisseurs d'a-
cier : on a noté à Sheffield que sur 2,500 ouvriers employés au polissâge de l'acier, 35
seulement atteignent à l'âge de cinquante ans;
la plus grande partie ne dépasse pas la trente-
sixième année.

La position corporelle nécessitée par le
travail est, dans certaines professions, une
autre source de maladie. C'est ainsi que chez
les artisans qui travaillent constamment de-
bout, comme les couteliers, les blanchisseuses,

les repasseuses, etc., on observe des varices volumineuses des membres inférieurs qui, sous l'influence du moindre choc peuvent s'écorcher, s'ulcérer, former par la continuité d'action de la cause première des plaies étendues, d'une guérison lente, difficile, et qui ne s'obtient guère qu'au prix d'un ou deux mois de repos ; — un ou deux mois de chômage, et partant de profonde misère.

C'est encore à la position courbée qu'affectent les cordonniers dans leur travail, et à l'obligation où ils sont de prendre un point d'appui constant sur la poitrine et l'estomac, qu'il faut attribuer les hémorrhagies pulmonaires signalées jadis par Stoll et qui sont, en effet, assez fréquentes chez eux ; et aussi les maladies d'estomac : gastralgie, gastrite chronique, cancer du pylore, dont ils sont si souvent atteints, au dire de Mérat, de Corvisart et de tant d'autres.

Les matières mises en œuvre par les artisans de chaque profession ont, on le conçoit aisément, une large part d'influence dans le développement des maladies.

Cette influence s'exerce parfois directement sur la peau, et y détermine tantôt des affections peu graves : comme la dermatose spéciale signalée chez les vanniers et les canissiers, ou comme celle qui se développe chez les ouvriers employés en Amérique au raffinement du pétrole, ou encore comme le *mal de* ver ou *mal de bassine* des dévideuses de cocons de vers à soie ; tantôt, au contraire, des affections d'une gravité qui peut devenir considérable : telles sont les érythèmes et pustules, si bien décrits par Maxime Vernois, qui se montrent sur les mains des ouvriers et ouvrières fleuristes, des apprêteurs d'étoffe pour fleurs artificielles ; tels encore ces exanthèmes variés : érythèmes, pustules, furoncles, etc., qui frappent les ouvriers en papiers peints, et qui peuvent, chez eux, déterminer, selon ce qu'a observé Pietra-Santa, des gangrènes très-étendues. Dans les derniers exemples que nous venons de citer, c'est à l'arsenic des couleurs vertes employées que sont dues ces affections cutanées ; cet arsenic si usité, et dans de si nombreuses industries, ne borne pas son action à la production de maladies purement locales et extérieures ; absorbé par la peau, entraîné par la respiration jusque dans les poumons et par la salive jusque dans l'estomac, il finit par causer des gastrites très-rebelles, des accidents nerveux très-variés, parfois incurables, et qu'on a pu remarquer, par exemple en Alsace, en Suisse, dans le Rhône, chez les ouvriers employés à la fabrication de la *fuschine* ou *rouge d'anhiline*, fabrication dans laquelle on emploie l'acide arsénique.

C'est encore le poison arsenical qui, existant souvent en petite quantité dans les minerais de cuivre, de fer, de cobalt et presque toujours dans les minerais de zinc, s'en dégage pendant la fonte et détermine chez les ouvriers des fonderies cette fièvre particulière accompagnée d'un anéantissement musculaire complet, qu'on appelle : *courbature des fondeurs.*

Dans d'autres professions, le plomb, que les artisans sont journellement contraints d'employer, occasionne des coliques sèches, des gastrites, des névralgies, et souvent des paralysies particulières (*paralysie des extenseurs*). C'est à de tels accidents que sont exposés les plombiers, les broyeurs et marchands de couleurs, les vernisseurs de poteries, les potiers d'étain, les verriers qui font les verres de couleur et les verres mousseline, les dessinateurs en broderie pour étoffes, et par-dessus tout les peintres en bâtiments.

D'autres ouvriers manient le mercure ou ses sels, et chez ceux-là se développe une salivation abondante, parfois de fétides ulcères de la bouche, un tremblement nerveux des membres, un insupportable bégayement. Les doreurs sur métaux, les argenteurs, les étameurs de glaces, les chapeliers, sont les tributaires journaliers de ces graves accidents. La folie elle-même peut se développer chez ces artisans, comme conséquence de l'absorption longtemps continuée du mercure.

C'est aussi à la folie, — une folie heureuse-

ment passagère, une sorte de délire, — que
sont sujets les ouvriers qui, travaillant le
caoutchouc soufflé, sont exposés à respirer
des vapeurs de sulfure de carbone.

Sans doute, dans certaines professions ou
l'on manie des substances toxiques, beaucoup
d'ouvriers peuvent échapper à l'empoisonnement spécial et aux maladies qui en résul-
tent, et cela en vertu de leurs prédispositions
particulières, d'une hygiène sagement enten-
due, ou même d'une sorte d'acclimatement
qui assure l'immunité, comme cela se voit
chez les ouvriers et ouvrières des manufactures de tabac; mais il est d'autres professions
où tous les ouvriers à un très-petit nombre
près sont sujets à une maladie — pour ainsi
dire absolument inhérente à la profession —
et qu'ils ne peuvent que fort rarement éluder :
plus de la moitié parmi les débardeurs sont
affectés d'une maladie particulière des pieds
appelée *grenouille ;* les ouvriers qui manient le
bichromate de potasse, après un certain nombre de rhumes de cerveau très-tenaces, finis-
sent presque tous par avoir la cloison du nez
perforée ou même détruite; bien peu d'ouvriers
parmi ceux qui travaillent le phosphore échap-
pent à la bronchite qui les atteint plus ou moins
gravement; le nombre de ceux chez qui le
phosphore détermine la destruction par né-
crose des os de la face est heureusement beaucoup plus rare aujourd'hui.

Les ouvriers qui travaillent le soufre sont, comme les précédents, très-sujets aux bronchites : telles sont les femmes qui blanchissent dans les *soufroirs* les étoffes de soie et de laine ; tels sont encore les soufreurs d'allumettes.

Les vapeurs et poussières sulfureuses déterminent d'ailleurs d'autres maladies encore ; elles deviennent notamment la cause d'ophthalmies très-rebelles dont les viticulteurs occupés au soufrage de la vigne, et aussi les fabricants d'allumettes sont fréquemment atteints. On paraît avoir observé de toute antiquité ces ophthalmies spéciales, et Martial dit quelque part :

Nec sulphuratæ lippus institor mercis.

« Ni le marchand d'allumettes aux yeux chassieux »

Les maladies des yeux, — pour le dire en passant — ne sont pas rares chez les ouvriers ; un grand nombre d'entre elles n'ont pas d'autres causes que le tempérament lymphatique et l'insalubrité du logement, mais il en est qui dépendent aussi de la profession ; nous avons cité celles qui sont causées par les vapeurs soufrées, citons encore celles qui sont dues à des miasmes délétères telles sont l'*ophthalmie des égoutiers* ou *mitte*, celle plus grave des vidangeurs, etc. — Les forgerons, les armuriers qui travaillent le fer rougi au feu ardent de la forge, sont sujets à des con-

jonctivites, à des blépharites et souvent à un
certain âge sont rendus aveugles par la cata-
racte ; on sait que c'est à faire le métier d'ar-
murier que le père de Démosthène était de-
venu chassieux et que c'est pour éviter à son
fils une semblable infirmité qu'il lui fit quitter la forge pour l'école d'un rhéteur ; en sorte
que c'est la crainte d'une *blépharite chronique*
qui a valu à la Grèce un si grand orateur, et
à Démosthène une impérissable renommée.

Le tableau que nous venons de tracer à
grands traits des maladies professionnelles,
pourrait être développé bien davantage, nous
pourrions en agrandir le cadre, en multiplier
les personnages, en accentuer les teintes ;
mais tel qu'il est il suffit, ce nous semble, à
faire voir combien de dangers l'ouvrier trouve
dans l'exercice de son métier, et combien le
travail manuel, source unique où il va puiser sa vie, récèle de germes empoisonnés qui
peuvent devenir la cause de sa mort.

Pour compenser tant de peines subies, tant
de dangers courus, où sont les plaisirs du
pauvre ? où ses joies ?

Les plaisirs purs de la famille, la joie calme
du foyer, sont seuls à sa portée et sont d'ailleurs ceux qui conviennent le mieux à sa nature
honnête et simple ; aussi se hâte-t-il d'en profiter en se mariant de bonne heure.

Ce sont, il faut le dire bien haut, de bons
et touchants ménages que les ménages d'ou-

vriers; un amour désintéressé a présidé à ces intimes et saintes unions, et chaque circonstance de la vie en commun contribue à les resserrer davantage; la naissance des enfants, les misères et les chagrins subis ensemble, le travail partagé en vue de la vie commune, sont comme autant de nouveaux liens pour les époux, et l'on peut dire que nulle part plus que dans la classe ouvrière on ne voit les femmes s'incarner dans les pensées, dans les aspirations, et, disons le mot, dans les opinions de leurs maris.

Dans les classes les plus fortunées, pendant que l'homme met tout son zèle au service d'un parti ou d'une faction, ou même successivement de plusieurs partis ou de plusieurs factions, la femme reste tout à fait étrangère à ces convictions diverses ou successives; ses pensées ne sortent guère d'un cercle restreint où gravitent un certain nombre de conventions aristocratiques et de préjugés élégants.

La femme de l'ouvrier, elle, écoute, tout en faisant quelque travail de couture, les discussions des hommes qui viennent parfois le soir causer avec son mari dans la mansarde; elle s'y intéresse, ressent aussi vivement et peut-être plus vivement qu'eux les injustices sociales que ces discussions révèlent, comprend les réformes qu'elles imposent et dont la formule se dégage chaque jour plus nette et plus claire de la pensée du peuple.

Cette union du cœur et de l'esprit dans le ménage du prolétaire est pourtant incessamment battue en brèche par la misère ! Quand le salaire est insuffisant ou que le travail manque, le caractère s'aigrit, devient inégal; et tous n'ont pas, il faut l'avouer, le courage nécessaire et la force morale suffisante pour résister à l'action corrosive et dissolvante de la pauvreté. C'est alors, chez quelques malheureux, et chez ceux-là surtout dont l'instruction est le moins développée, que s'introduisent la débauche et le vice.

Un jour, l'homme, harassé de misère, écœuré par les querelles et les inutiles récriminations qu'il trouve chez lui, déserte le toit conjugal pour le cabaret. Là, il boit pour s'étourdir, pour oublier; il boit pour recouvrer pendant quelques instants, en place de l'énergie morale que l'anémie causée par l'inaction partielle longtemps prolongée lui a fait perdre, une certaine excitation cérébrale factice et fugace que procure l'ivresse. L'habitude s'en mêle : il boit pour boire. Pendant quelques jours c'était un homme ivre, à présent c'est un ivrogne ! La mère geint, criaille, s'emporte en plaintes irritantes; le foyer n'est plus tenable, même pour les enfants. Le fils oublie le chemin de l'atelier; l'exemple du travail lui manquant la paresse petit à petit l'envahit; il flâne, oisif, l'oreille ouverte à toutes les suggestions du mal.

La fille s'enfuit au bras du premier venu qui lui donnera à manger et la délivrera, — croit-elle, — de toutes les horreurs du dénûment.

Trois plaies sociales sont ainsi produites du même coup : *ivrognerie, vagabondage, prostitution*, qui à leur tour engendreront les vices les plus ignobles et les crimes les plus atroces.

Certes, l'ivrognerie, la prostitution, le crime, considérés abstraitement, nous inspirent le plus profond dégoût et sont dignes de la plus sévère réprobation; l'ivrogne, la prostituée, le criminel, pris comme personnages isolés, ne sauraient à la vérité faire naître aucun intérêt dans notre esprit; mais si nous nous élevons plus haut, si nous envisageons les choses du point de vue social, si nous nous mettons en quête des causes, nos impressions vont se modifier sensiblement; notre dégoût fera place à la pitié, notre réprobation s'étendra du vice et de l'homme vicieux à l'organisation défectueuse de nos institutions, le criminel nous apparaîtra comme un être aveugle et quasi inconscient, et nous comprendrons ce qu'entendait Quetelet, quand il disait que : « *C'est la société qui prépare le crime, et que le coupable n'est que l'instrument qui l'exécute.* »

Ne sait-on pas, par exemple, que la consommation de l'alcool augmente dans les pays où sévit la disette, et que l'ivrognerie se montre surtout dans les quartiers pauvres des grandes villes, parmi les ouvriers à qui l'instruction manque le plus et dont le salaire est le moins élevé? Considérée à travers ces faits généraux, l'ivrognerie ne nous apparaît-elle pas comme une production de la misère et de l'ignorance? Et ne sommes-nous pas conduits à penser avec Esquirol que c'est un *entraînement maladif*, dépendant de la constitution, qui elle-même dépend des conditions hygiéniques de l'existence.

Pour la prostitution, nous pouvons donner, — nous ne dirons pas les mêmes excuses, — mais les mêmes explications.

Selon Parent Duchâtelet, les deux causes principales de la prostitution sont la paresse et la misère; dans des tableaux statistiques détaillés, il a fait voir qu'à Paris et dans les départements, les prostituées appartiennent presque toutes à des familles misérables, occupées à un rude et à la fois peu lucratif labeur.

A ces causes, il aurait dû en ajouter une troisième : l'ignorance, puisqu'il a constaté lui-même par la compulsation des actes de naissance, qu'un tiers des pères des prostituées ne savaient ni lire ni écrire, et que plus de la moitié de ces filles elles-mêmes ne savaient pas signer leur nom.

Les statistiques criminelles analysées avec soin nous donneraient aussi l'explication du crime, et nous en montreraient la source dans la misère et dans l'ignorance qui suivent une progression parallèle à celle de la criminalité : Guerry, Villermé, Bertillon, ont montré que le nombre des crimes diminue en même temps que l'instruction augmente: Mélier, dans ses *Recherches statistiques sur les subsistances* a trouvé que c'est dans les années de cherté que la justice a le plus de vols à punir.

Les questions d'instruction et d'ignorance, d'aisance et de pauvreté, dominent donc absolument et commandent la question de moralité parmi le peuple.

C'est ce que voulait exprimer au commencement de ce siècle, dans un travail de statistique qui fait partie des mémoires de la Société d'émulation, — travail plein de remarques et de considérations ingénieuses, — le savant Cadet-Gassicourt, quand il disait : « *La moralité des artisans est ordinairement en* « *raison de l'instruction que chaque état sup-* « *pose, du bénéfice qu'il donne et de la salubrité* « *des manipulations.* » On ne saurait mieux énoncer un fait plus juste; les statistiques plus récentes que nous avons analysées, celles aussi que nous avons établies nous-même, nous ont en effet surabondamment démontré que la moralité des ouvriers dépend presque entièrement de trois conditions qui sont, par ordre d'importance : l'*Instruction*, le *Salaire*, l'*Hygiène professionnelle*.

Il importe de remarquer que souvent l'immoralité porte avec elle son juste châtiment, que l'ivrognerie, que la débauche, sont accompagnées d'un triste cortége de maladies plus ou moins graves dont l'énumération serait trop longue pour trouver sa place ici ; en sorte que le malheureux trouve dans ses vices, comme dans la misère qui les a provoqués, comme aussi dans la pratique vertueuse du travail, des causes multiples d'une mort prématurée.

Qu'on ne s'étonne donc plus de l'énorme différence que présente la mortalité dans les classes aisées et dans les classes pauvres, différence que nous avons notée en commençant d'après les statisticiens les plus autorisés.

D'ailleurs, nous savons que souvent l'artisan abrègera lui-même sa vie pour abréger son martyre et que le suicide est le plus fréquent dans la classe pauvre. Parfois il trouvera un genre de suicide particulier dans l'insurrection à main armée, et, plus insensé encore que coupable dans sa révolte, il ira mourir d'un coup de fusil derrière un tas de pavés.

C'est peut-être, disons-le, la seule physiologie qui doit expliquer au philosophe et au moraliste cette lutte fratricide qu'on nomme la guerre civile. La faim modifie singulièrement les pensées, et il faut l'avoir réellement subie pour savoir tout ce qu'elle fait naître d'amertume dans l'esprit. L'homme qui a dû sans cesse lutter contre elle avec des chances inégales et dont le passé est une souffrance endormie que le souvenir éveille à chaque instant; l'homme dont le présent n'est que la continuation de cette lutte acharnée contre le besoin, et qui, s'il regarde devant lui, voit l'Espérance qui s'enfuit en fermant derrière elle la porte de l'Avenir; cet homme, à de certains moments où son cœur meurtri déborde d'amertume, regarde avec un œil d'envie et parfois de haine d'autres hommes dont le chemin aplani n'a pas un obstacle et pas une embûche; il sent entre eux et lui une inégalité dont l'origine lui semble une injustice; il ne recherche pas si cette injustice doit être qualifiée Tradition, Préjugé ou Privilège; il ne discute pas; il prend un fusil, désespéré!

A quoi bon discuter d'ailleurs? ne lui a-t-on pas vingt fois fait des promesses qu'on n'a pas tenues, des serments qu'on a trahis? Et puis ils ne le comprendraient pas, les autres, s'il discutait; leur langage n'est pas le même, et leurs pensées manifestent une différence qui tient peut-être chez eux et chez lui à l'action différente de l'estomac sur le cerveau!

Toutefois, il faut convenir que si ces pensées de haine peuvent germer dans certains cerveaux affaiblis par la misère ou exaltés par la souffrance elles ne sont pas habituelles au cœur de l'homme du peuple; elles sont chez lui, bien au contraire, une exception, et dans la lutte que le désespoir lui a fait parfois entreprendre, on sait combien de générosité et d'honnêteté il a montré le plus souvent. Le spectacle de la richesse n'éveille chez lui d'ordinaire ni envie, ni colère; mais plutôt une certaine tristesse qui n'est peut-être que la manifestation extérieure de ce secret instinct dont parle Benoiston de Châteauneuf et qui lui révèle : « *que l'argent conserve en effet la vie, et que la durée de l'existence est en raison du bien que l'on possède.* »

Le prolétaire du quartier Mouffetard dont nous avons suivi la destinée sera peut-être quelqu'un de ces malheureux que la misère et la souffrance égarent, et qui prennent les armes contre leur propre pays; il ira mourir, coupable martyr, derrière une barricade! S'il survit au contraire, il sera emprisonné, jugé, condamné, conformément à des lois qu'on ne lui a ni apprises ni fait comprendre; et son congénère du faubourg saint-Honoré, par le fait d'un hasard impitoyablement logique sera peut-être celui-là même qui prononcera son jugement où l'un de ceux qui rejetteront son recours en grâce.

V

Nous venons de passer en revue dans cette étude les diverses conditions qui caractérisent l'état misérable, et, les comparant aux conditions physiques et morales où se trouve placé l'homme aisé, nous avons pu établir un certain nombre de vérités qui peuvent se résumer en quelques lignes :

Il y a entre le riche et le pauvre une inégalité dépendant de la constitution actuelle du corps social, et qui, existant dés avant la naissance, se manifeste même dans la mort;

La mortalité des pauvres est considérablement plus élevée que celle des riches; —

Cette mortalité s'élève dans les années de disette, s'abaisse dans les années d'abondance, en même temps que s'abaisse ou s'élève, suivant la disette ou l'abondance, le chiffre annuel des naissances; —

La mortalité des pauvres est si bien en rapport avec les conditions variées qui constituent la misère et qui peuvent être résumées par le mot *insuffisance*, qu'on voit parmi les ouvriers cette mortalité diminuer quand le salaire augmente, augmenter au contraire quand le salaire diminue ; —

La mortalité suit parmi le peuple d'autres variations déterminées par l'instruction et l'ignorance : plus considérable là où règne l'ignorance, on la voit beaucoup moindre là où l'instruction est répandue ; —

La misère et l'ignorance sont les causes les plus fréquentes de l'immoralité parmi le peuple ; et cette immoralité est à son tour la cause d'une augmentation de la mortalité.

Nous avons indiqué par quelques chiffres, autant qu'il nous a été possible de le faire sans entrer dans de fastidieux calculs, l'influence funeste de l'insuffisance du salaire, de l'ignorance, de l'immoralité, et le danger qui s'attache à l'exercice de certaines professions. Il nous resterait à établir la somme des morts prématurées, inutiles et injustes, produites par ces diverses causes, si nous ne la trouvions toute faite dans une communication du docteur Bertillon à l'Académie de médecine en 1867.

Ce savant statisticien, étudiant la mortalité dans les différents départements, établissait alors que 130,000 hommes meurent annuellement comme indûment, et sans nulle obli-

gation de l'organisme humain ; « 130,000
« hommes, disait-il, qui succombent à des
« maladies qui s'appellent : barbarie, misère,
« ignorance, nos vrais, nos seuls ennemis. »
C'est comme un don gratuit de CENT TRENTE
MILLE HOMMES, que nous faisons chaque année
à la mort, indépendamment de l'impot que
nous devons logiquement lui payer.

Dans ce nombre énorme il faut compter,
outre 26,000 vieillards qu'on peut considérer
comme mourant physiologiquement trop tôt,
60,000 enfants, dont le plus grand nombre
meurt avant cinq ans et le reste de cinq à
quinze, 60,000 enfants qui auraient pu dans
l'avenir contribuer à la défense de la patrie
et à l'extension de sa prospérité ; et enfin QUA-
RANTE-QUATRE MILLE ADULTES, *en plein rapport*
si l'on peut dire, dont le travail journalier
dans l'industrie, l'agriculture, les arts, pro-
duisait incessamment de la richesse et appor-
tait un contingent chaque jour nouveau au
progrès et au bien-être général.

Ces chiffres, par leur brutale éloquence,
ont de quoi faire naître en foule dans notre
esprit les tristes pensées et les réflexions amè-
res. Devons-nous pourtant y trouver une occasion de découragement? Devons-nous croire
que ce soit là une situation sans issue ? que
le mal que nous signalons soit sans remède ?
et qu'à la porte de l'enfer social il faille laisser toute espérance ? Non ; l'espoir nous est

permis au contraire; que dis-je? l'observation
judicieuse des faits nous l'impose, et nous en
fait une loi. Le progrès marche; — lentement
parfois, — mais il marche, et les obstacles
qu'on lui oppose ne résistent pas longtemps
à son invincible pression. Combien de changements se sont opérés par sa bienfaisante
influence depuis la Révolution française!
Changements dont la manifestation matérielle
se trouve partout, jusque dans l'état physique de l'homme, jusque dans le sol de la
patrie! La terre, qui ne rendait au seigneur
pour le travail du serf qu'un maigre revenu,
semble avoir acquis entre les mains du citoyen
une fertilité nouvelle; le sol français, démo-
cratisé par sa division, donne au paysan libre
et propriétaire qui l'arrose de sa sueur une
récolte de froment qui a triplé depuis 89; la
vie moyenne qui avant la Révolution n'était
guère que de vingt-huit ans est à présent de
trente-huit ans environ.

Les progrès réalisés dans les idées et dans
les choses depuis la Révolution sont toutefois
fort loin encore de ce que l'on est en droit
d'attendre de l'application rigoureuse des
principes immortels qu'elle a institués. Des
réformes radicales dans l'ordre social sont nécessaires, et cette nécessité, sentie si profondé-
ment par le peuple qui en souffre, est actuel-
lement reconnue par tous les bons esprits,
soucieux de la justice et sincèrement dévoués

à la cause démocratique. Beaucoup d'entre eux, écrivains distingués, ne se contentant pas de reconnaître platoniquement cette nécessité, l'affirment et la prouvent dans leurs écrits ; d'autres, orateurs éloquents et tribuns justement écoutés, l'exposent lumineusement dans les discours qu'ils prononcent, au parlement comme au dehors, à la tribune comme au *balcon*. L'utilité de ces réformes est manifeste, de quelque façon qu'on envisage les choses, à quelque point de vue qu'on se place : politique, économique ou philosophique ; nous avons voulu nous aussi, — et ç'a été le but de ce travail, — en démontrer l'imminent besoin en prenant uniquement à témoin la médecine et l'hygiène et en groupant dans ces quelques pages les faits les moins contestés que ces deux sciences fournissent à la statistique.

Sans vouloir entrer dans des détails d'application que ne comporte pas le cadre que nous nous sommes tracé, nous dirons tout à l'heure sur quoi, à notre avis, devraient surtout porter ces réformes, Disons seulement maintenant qu'il serait plus facile de les appliquer que certaines gens ne se l'imaginent ; qu'elles doivent être et qu'elles seront faites pacifiquement ; qu'il n'est pas question pour les établir de désordre, de révolte, de conflits sanglants, comme feignent de le croire et comme le disent calomnieusement les comploteurs de monarchie ; mais qu'elles doivent avoir au contraire et qu'elles auront pour elles la légalité vraie, la légalité du suffrage universel.

Remarquons d'abord que la science, — cette science à qui les princes de l'Église jettent l'anathème, — accomplit d'elle-même à chaque instant quelques-unes de ces utiles réformes, et que, par ses progrès incessants, par ses découvertes journalières, elle ne contribue pas seulement à augmenter le bien-être en facilitant la production, mais qu'elle a aussi une influence directe sur la santé et sur la vie.

Nous avons fait plus haut le tableau sombre des maladies du travail, nous avons montré quels dangers sont inhérents aux diverses professions ouvrières ; disons maintenant que chaque application nouvelle de la science à l'industrie a pour effet secondaire d'améliorer l'hygiène et d'atténuer la pathologie des artisans. — A l'encontre de la foi, qui est par essence monarchique et aristocratique, la science est et doit être démocratique.

L'agriculture, la médecine, la physique, la chimie, par le seul fait de leur marche en avant, élargissent les limites de la vie : nous savons que l'introduction de la pomme de terre a rendu les disettes plus rares et moins meurtrières ; l'inoculation, puis la vaccine, ont borné les ravages de la variole qui, avant leur emploi, était un véritable fléau; l'invention de la lampe de Davy a rendu bien moins fréquentes les explosions du *Feu Grisou* et soustrait une grande quantité de mineurs au danger mortel de ces accidents si communs autrefois; la substitution des blancs de zinc et d'antimoine au blanc de céruse dans la plupart des peintures blanches a eu pour effet de diminuer considérablement les maladies saturnines, si douloureuses et si graves, chez les peintres en bâtiment; la découverte du phosphore rouge et sa substitution — trop restreinte encore — au phosphore ordinaire, en même temps qu'elle diminuait les chances d'empoisonnement et d'incendie, a mis les ouvriers à l'abri des vapeurs meurtrières qui occasionnaient chez eux de hideuses nécroses des os de la face et faisaient tomber leur visage en lambeaux.

Ce sont là des faits devenus vulgaires, connus de tout le monde, et que nous choisissons en exemple à cause de cela même; nous en pourrions citer d'autres et en très-grand nombre.

La mécanique, qui s'introduit partout à présent, n'a pas pour unique effet d'accélérer et de perfectionner la production; — en économisant du temps, elle économise aussi la vie des hommes; — c'est ainsi que dans les filatures la phthisie a notablement diminué depuis l'application des machines à l'éplu-

chage, au battage et au cardage du coton.—
Le satinage mécanique des papiers peints a
rendu moins fréquentes les intoxications ar-
senicales. — Le dévidage à la vapeur des cocons de vers à soie a apporté un amendement
notable aux conditions sanitaires de l'industrie séricicole. — Un heureux emploi de la
ventilation, par le moyen d'appareils ingé-
nieux, a changé complétement l'hygiène des
aiguiseurs de Châtellerault, en les préservant
en grande partie de la phthisie si commune
autrefois parmi eux.

L'art de l'ingénieur a une part à réclamer
aussi dans les progrès de l'hygiène générale.
— Les accidents de chemins de fer sont in-
comparablement moins nombreux, relativement au nombre des voyageurs, que ceux
dont les anciens moyens de transport étaient
l'occasion. — Les travaux de dessèchement,
de drainage, ont assaini des cantons tout en-
tiers et converti des marais, autrefois mortels,
en fertiles labours et en gras pâturages.

Certains procédés industriels nouveaux,
substitués à des procédés anciens, contribuent
à augmenter la santé des ouvriers qui ont à
les appliquer; par exemple, le broyage à l'eau
de la silice usité dans les manufactures de
porcelaine, au lieu de la pulvérisation à la
meule, diminue les chances de maladies pulmonaires chez les porcelainiers; il en est de
même de la substitution de la fécule de

pomme de terre au poussier de charbon dans les opérations du moulage en cuivre.

La vulgarisation de l'hygiène aiderait puissamment, selon nous, aux progrès réalisés chaque jour par la science et l'industrie. Indiquer aux ouvriers quelques préceptes généraux à suivre, simplement et sans phrases, en même temps que quelques préceptes particuliers et commandés par la profession; leur faire comprendre d'une façon nette, lumineuse, et qui frappe leur esprit, quels excès il faut craindre, quels dangers il faut s'appliquer à éviter, ce serait faire une bonne œuvre et rendre un grand service. Nous n'ignorons pas que, pour marcher dans cette voie, beaucoup de cours d'adultes ont inscrit dans leur programme l'enseignement de l'hygiène; mais ces cours sont peu nombreux, négligés souvent par ceux qui ont l'honneur d'en être chargés, insuffisants de toute manière. Ils ne seraient complétés d'ailleurs que par des conférences faites d'ateliers en ateliers pour ainsi dire, au milieu des outils et des matériaux de chaque profession.

Si l'hygiène privée est négligée par ignorance, l'hygiène publique ne l'est pas moins; et nous n'oserions pas affirmer que ce n'est pas par la même raison.

Pourtant, en 1848, le gouvernement parut en avoir un réel souci, et son intérêt se manifesta par un décret qui créa de toutes pièces les *Conseils d'hygiène et de salubrité* dans les départements et les arrondissements. Ces conseils, il faut bien l'avouer, malgré l'idée généreuse qui a inspiré leur fondation, ne rendent que des services restreints et bien inférieurs à ce qu'on en devrait attendre. Les conseils d'arrondissement existent à peine, ils manquent d'initiative, sont incertains de leurs attributions, et l'une des causes de ce fâcheux état est sans doute celle qu'a signalée Michel Lévy : la subordination où se trouve, dans les questions officielles, la médecine à la bureaucratie administrative. D'ailleurs, beaucoup de médecins, qui sont appelés à faire partie de ces conseils, ne sont pas à la hauteur de leur mission, et la faute en est moins à eux qu'à l'enseignement vicieux de nos facultés de médecine, où l'hygiène n'a qu'une place trop étroite. Les étudiants ne sont interrogés sur cette matière qu'à un seul examen, qu'ils sont habitués à considérer comme une simple formalité sans difficulté réelle, et pour lequel les professeurs se montrent vraiment d'une très-grande indulgence.

Les questions d'hygiène professionnelle, si intéressantes qu'elles soient, n'ont pourtant qu'une importance secondaire si on les compare aux conditions déterminées par le salaire.

Villermé a pu s'assurer que, chez les ouvriers *d'une même profession*, l'élévation ou l'abaissement du salaire occasionne des variations considérables dans la mortalité; c'est dans l'élévation du salaire que se trouve, selon l'expression de Michel Lévy, « le cor- « rectif des attitudes vicieuses, des travaux « excessifs, des poussières et des émanations « qui souillent l'atmosphère des usines et des « manufactures. »

Pour obtenir cette nécessaire augmentation des salaires, leur fixité et, en même temps, la juste délimitation des heures de travail, est-il utile, est-il bon, que l'Etat intervienne ? — Nous ne le pensons pas. L'Etat ne peut dé-créter de telles réformes; elles doivent se faire, et elles se feront sans lui, à la condi-tion qu'il garantisse la liberté du travail, c'est-à-dire la liberté complète des coali-tions et la liberté absolue d'association. Nous respectons les lois existantes, et, quel-les qu'elles soient, nous nous y soumettons; nous ne voudrions pas qu'on cherchât dans nos paroles une incitation à les éluder ou à les violer; mais nous pensons et nous som-mes obligés de dire que c'est la liberté des coalitions qui seule peut, sans secousse, ame-ner l'élévation du taux du travail; que c'est la liberté d'association qui, — entre autres effets bienfaisants, — compensera les désas-treux résultats du chômage, si fréquents dans certaines professions.

D'autre part, une plus juste répartition de

l'impôt, ayant le revenu comme principale base, allégera le fardeau qui pèse sur le pauvre et contribuera avec l'élévation du salaire à rendre sa vie plus facile et plus longue,

Il est certain que les octrois aggravent les effets dépopulateurs du renchérissement des années de disette ; et même, dans les années d'abondance, ils réduisent sensiblement la proportion de nourriture animale qui entre dans le régime du peuple. M. H. de Kergolay, par des chiffres soigneusement compulsés, a fait voir que la consommation de la viande a augmenté partout où les droits d'octroi ont été diminués, et qu'elle a diminué au contraire partout où ces droits ont été augmentés ; or on sait combien l'usage de la viande importe à la santé et au développement des forces, et ce sont les travailleurs qui en ont certainement le plus besoin. « Quel impôt plus irrationnel et plus nuisible, « dit à juste raison Michel Lévy, que celui « qui, en ôtant aux travailleurs les moyens « de restaurer leurs forces, abaisse la puis- « sance productive du pays et accroît les « charges de la société par l'augmentation « des chances de maladie parmi les classes « les plus nombreuses. »

L'élévation du salaire, la répartition plus équitable de l'impôt, la diminution des droits qui pèsent sur la viande et le vin, se-

ront, qu'on se garde d'en douter, des éléments essentiellement moralisateurs.

Le prolétaire, sentant sa vie et celle des
siens assurée dans le présent, pourra envi-
sager l'avenir d'un œil rasséréné; il éprou-
vera moins le besoin de ces excitations fac-
tices qu'il va chercher au cabaret; il n'aura
plus besoin d'oublier les peines subies, le
dur labeur effectué, quand le salaire lui offrira une compensation suffisante et que,
rentrant au logis, il trouvera du pain sur la
table, une femme souriante et des enfants
joyeux. L'instruction, d'ailleurs, — l'instruction qu'il convient de donner à tous, et le
plus largement possible, — dissipera les
épaisses ténèbres de son esprit et lui permettra d'entrevoir des jouissances plus relevées
et plus durables. Le sentiment qu'elle déve-
loppera en lui de sa dignité personnelle lui
fera prendre en horreur l'ivresse dégradante
et abêtissante : l'ivrognerie, cela est certain,
disparaîtra ou ne se montrera plus du moins
qu'exceptionnellement, comme le triste apa-
nage de quelques natures perverses ou mo-
nomaniaques.

Avec le sentiment de la dignité naîtra celui
de la justice; — la morale n'est pas autre
chose que la réunion de ces deux sentiments.

C'est cette morale, fille de l'instruction, qui
avec l'aide des améliorations matérielles nées
de la liberté, combattra victorieusement la

prostitution et le crime. La jeune fille con-
tractera dans sa famille heureuse et moralisée
les habitudes laborieuses qui donnent le
calme de l'esprit et du cœur, en même temps
qu'elle y apprendra le devoir, qui sanctifie
le travail et lui donne un si doux attrait. Le
jeune homme respectera la personne humaine
dont il sentira en lui-même toute la dignité,
et ne voudra plus faillir à la justice quand
l'instruction lui en aura donné la notion et
révélé la grandeur.

Liberté, instruction, — tout le progrès social est là pour le peuple, — tout l'avenir. En
vain chercherait-on à lui en fermer les portes,
en vain commettrait-on à leur garde les plus
résolus défenseurs du passé, les plus farou-
ches cerbères de la routine ; le peuple tient
dans sa main le rameau d'or qui dompte les
monstres : son bulletin d'électeur est une
arme à laquelle rien ne saurait résister ; — et
il vient de prouver victorieusement qu'il est à
présent habile à s'en servir.

Qu'il marche donc plein de confiance ; qu'il
exige de ses mandataires un amour sincère
et courageux de la liberté ; qu'il leur pres-
crive d'appliquer à l'instruction générale les
trente et quelques millions que d'aucuns rêvent encore de verser dans la main tendue
des prétendants ; et le progrès, coulant à
pleins bords, lui apportera le calme et le
bien-être.

C'est alors qu'on verra chaque année diminuer le triste chiffre des 130,000 victimes de nos préjugés et de nos injustices sociales; qu'on aura réalisé une économie de la vie humaine et réduit le budget de la mort !

FIN

F. Aureau. — Imprimerie de Lagny

.

www.ingramcontent.com/pod-product-compliance
Lightning Source LLC
Chambersburg PA
CBHW070941280326
41934CB00009B/1972